AF316047

A Monsieur le Ministre de la Marine.

La loi du 9 janvier 1852 sur la répression des délits et des contraventions aux règlements concernant la pêche côtière porte, article 3, que des décrets détermineront, pour chaque arrondissement ou sous-arrondissement maritime, les divers règlements auxquels seront soumis les différentes espèces de pêche qui se pratiquent sur le littoral français.

En vertu de cette disposition et par une circulaire en date du 20 janvier dernier, vous avez institué, dans cha-chaque arrondissement, sous-arrondissement et même dans chaque quartier d'inscription maritime, une commission chargée de préparer les décrets réglementaires. Votre intention, Monsieur le Ministre, intention formellement exprimée dans la circulaire du 20 janvier 1852, est que toutes les personnes intéressées puissent faire entendre leurs réclamations, afin de vous mettre à portée d'y faire droit, si elles sont fondées. S'appuyant sur ces intentions bienveillantes, les soussignés, propriétaires des madragues du département des Bouches-du-Rhône, s'adressent à vous avec confiance, Monsieur le Ministre, persuadés que vous reconnaîtrez la justice de leur réclamation et que vous y ferez droit, en écartant du décret à

intervenir celles des mesures demandées par la commission réunie à Marseille, qui, au lieu de réglementer la pêche des madragues, auraient pour résultat infaillible l'anéantissement immédiat et complet de cette pêche spéciale.

Avant d'énoncer et de discuter les propositions de la commission, il est important de dire quelques mots sur les pêcheries appelées *madragues*, sur leur importance et même de réfuter les reproches qui ont été faits à ces établissements.

Pour éviter la confusion, ce Mémoire sera divisé en quatre sections :

La première présentera le précis historique et la description des madragues ;

La seconde sera consacrée à la réfutation des prétendus griefs reprochés aux madragues ;

Dans la troisième, on donnera les preuves de l'utilité des madragues ;

Enfin, la quatrième comprendra l'examen et la discussion des propositions faites par la commission de Marseille.

SECTION PREMIÈRE.

Précis historique et description des madragues.

L'introduction des madragues en France remonte à plus de 350 ans ; la madrague de Gignac, aujourd'hui possédée par MM. Martin frères, a été autorisée au profit de M. le marquis de Marignan ou de ses auteurs, en

1475 ; mais à ces époques reculées le nombre des madragues était très-limité sur nos côtes.

La France demandait à l'Espagne et aux côtes d'Italie les salaisons de thons et de maquereaux nécessaires à la consommation de ses populations méridionales. Louis XIV comprit combien il serait important d'ajouter cette branche considérable de travail et de commerce aux ressources que possédaient les habitants des côtes françaises de la Méditerranée; il concéda plusieurs permissions de caler des madragues sur le littoral de l'ancienne Provence (départements des Bouches-du-Rhône et du Var).

Les titres de ces concessions prouvent avec quels soins les prescriptions de l'ordonnance de 1681 étaient exécutées.

Les précautions les plus minutieuses sont prises pour éviter que les madragues puissent nuire en rien à la navigation.

Il suffit, pour s'en convaincre, de lire les lettres-patentes délivrées dans ces occasions. Nous citerons celles de 1701 octroyées à M. le comte Duluc. Une enquête minutieuse fut faite par l'intendant de police et finances du comté de Provence; toutes les parties intéressées furent appelées; les seigneurs riverains, les propriétaires de madragues déjà existantes, les communautés de pêcheurs produisirent des mémoires. Sous le rapport de la navigation, l'enquête fut confiée à des hommes spéciaux. Voici ce qu'on lit dans les lettres-patentes :

« ..... Nous a remarqué (par le mémoire des échevins de la ville de Marseille) qu'après avoir assemblé vingt-deux capitaines de vaisseaux et leur avoir demandé leur avis, si la navigation ne souffrirait point de cet établissement, ils ont convenu qu'il n'y aurait pas plus d'inconvénients à établir les deux dernières madragues demandées par ledit sieur comte Duluc, qu'il y en a cinq autres qui y sont déjà et qui n'empêchent pas la navigation, et qu'à l'égard de celle qu'on demande d'établir à la calle de Rose, elle ne peut non plus préjudicier à la navigation des gros bâtiments...... »

Tel est l'avis de la marine marchande recueilli par les échevins de Marseille; voici celui de la marine militaire : « Après avoir examiné tous lesdits mémoires et les différents certificats du sieur Bailli de Noailles, lieutenant général de nos galères; du sieur Chazel, ingénieur et maître d'hydrographie de nos galères; de l'Académie royale des sciences des 20, 22 et 23 novembre 1698, par lesquels ils attestent que les madragues demandées par ledit sieur comte Duluc ne peuvent faire aucun obstacle à la navigation...... »

C'est après ces enquêtes consciencieuses que les autorisations étaient accordées.

Tous les gouvernements qui se sont succédé depuis ont protégé l'exploitation des madragues, tous ont vu dans cette manière de s'emparer des poissons voyageurs, une industrie qui avait droit aux encouragements de l'autorité.

C'est ainsi que l'empereur Napoléon répondait à quelques officiers de marine qui lui demandaient d'ordonner la suppression de certaines madragues comme dangereuses pour la navigation : « Si les madragues gênent sur ce point, il faudra les établir sur un autre, car on ne peut priver les populations du Midi des bienfaits qu'elles retirent de ces pêcheries. »

A l'époque de la révolution de 1789, plusieurs madragues furent confisquées au profit de l'État, en vertu des lois sur l'émigration; quelques-unes d'entre elles furent restituées plus tard à leurs légitimes propriétaires, et parmi les cinq qui sont demeurées la propriété du Domaine, trois avaient appartenu à la corporation des prud'hommes pêcheurs; l'administration les affermait et en retirait des loyers considérables.

Depuis quelques années, les madragues sont devenues le but de la haine d'un assez grand nombre d'hommes qui n'ont cessé de les attaquer par tous les moyens possibles.

Ces plaintes souvent répétées, et dans des rapports officiels, mais non publics, auxquelles par conséquent il n'était pas possible de répondre, ont fini par porter leurs fruits; l'administration centrale en est venue à ce point de considérer les madragues comme des institutions des temps de barbarie, comme les derniers vestiges de la féodalité; en conséquence, elle a fait supprimer, en 1845, les madragues du Var, et tout récemment encore celles qu'elle possédait dans le golfe de Marseille ont été détruites.

La madrague est composée de plusieurs filets de très-grandes dimensions, tous faits en sparterie et à très-grandes mailles, à l'exception du dernier appelé *corpou* ou *corpus*, qui est en chanvre et à mailles plus petites.

Ces filets sont fixes et attendent que le poisson vienne se jeter dans leurs eaux.

Une figure fera mieux comprendre la forme et le mode d'exploitation de la madrague.

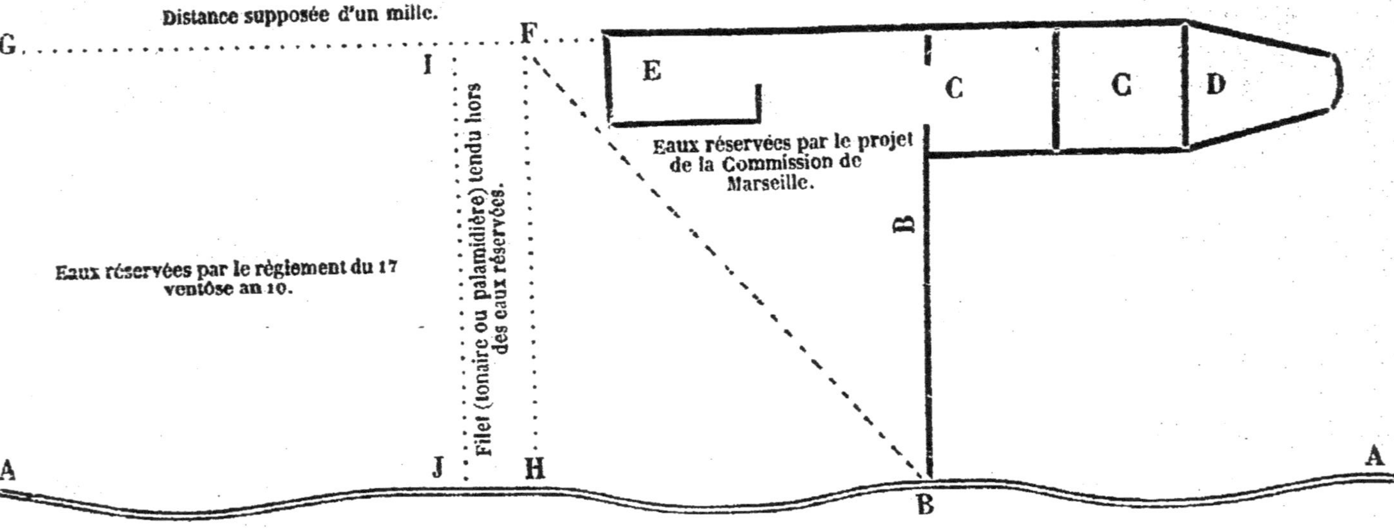

Distance supposée d'un mille.
G
F
I
E
C
G
D
Eaux réservées par le projet
de la Commission de
Marseille.
B
Filet (tonaire ou palamidière) tendu hors
des eaux réservées.
Eaux réservées par le règlement du 17
ventôse an 10.
A
J
H
B
A
Rivage.

Au rivage A est fixée la queue B, qui se prolonge jusqu'aux filets formant les chambres de la madrague CC. Ces chambres communiquent entre elles et avec le *corpus* D. Au corpus est adapté un filet nommé *le plan*, placé horizontalement, et qui sert à soulever le poisson.

La tête E se prolonge dans la direction du levant, ou abord des thons, c'est-à-dire du côté où se trouve l'embouchure de la madrague, jusqu'à la partie recourbée pour empêcher la fuite du poisson.

A cet endroit se trouve une bouée F, indiquant la position de la madrague.

La queue de la madrague n'est pas toujours fixée à terre. Une longue expérience a démontré que les poissons voyageurs, et surtout les thons, bien qu'ils suivent toujours le rivage, se hasardent rarement dans les eaux ayant moins de cinq à six brasses de profondeur.

Lorsque la côte est très-élevée et le rivage escarpé, la profondeur de l'eau étant considérable auprès de la côte, la queue de la madrague doit être fixée au rivage même. Si, au contraire, la plage est plate, cette partie du filet est mouillée à une certaine distance du rivage, à l'endroit où la profondeur de l'eau (5 à 6 brasses) indique que passeront les poissons.

Il n'y a donc pas de règles absolues pour déterminer la place où doit être fixée la queue de la madrague. Il n'y en a pas davantage pour fixer la longueur de cette partie du filet. Il faut que la madrague proprement dite soit calée dans des eaux d'une profondeur de vingt-deux à vingt-trois brasses.

La queue doit donc se prolonger jusqu'à ce que l'on

trouve cette profondeur, qui seule peut permettre à la madrague de fonctionner utilement.

Le poisson voyageur, suivant le rivage, rencontre la queue de la madrague, et, bien que les mailles soient assez larges pour ne pas l'arrêter, trompé sans doute par une illusion d'optique, il n'ose franchir cet obstacle, il cherche à le tourner en suivant le filet, et il est ainsi conduit dans les chambres. A l'aide d'un filet auxiliaire placé verticalement on le pousse, on le conduit dans le corpus, où au moyen du *plan* on le soulève pour l'amener sur le filet en chanvre, où il est pris vivant.

Quelquefois les thons et autres poissons voyageurs, réunis dans l'enceinte de la madrague, n'entrent pas dans les chambres, ils errent dans l'espace compris entre la tête et la queue, dans ce cas, et à l'aide de filets appelés *filets auxiliaires*, on les force à entrer dans l'intérieur de la madrague.

Ainsi la madrague est immobile, elle attend le poisson et ne va pas le chercher; pour qu'il puisse y arriver, il est indispensable qu'aucun obstacle ne l'arrête, ne le détourne de suivre le rivage à la distance où son instinct le porte, c'est-à-dire à celle où il doit justement rencontrer le filet immobile qui l'attend.

Il est nécessaire qu'aucune embarcation, aucun filet ne le force à prendre le large; sans cette précaution, la madrague est complètement inutile. Il faut donc que la madrague ait un espace d'eau, un périmètre réservé dans lequel les pêcheurs en bateau ou autres ne puissent pas venir tendre leurs filets du côté du levant ou abord des thons, c'est-à-dire du côté de la tête de la madrague.

L'article 5, titre IV, livre V de l'ordonnance de 1681 avait fixé à deux milles, à partir de la tête du filet, l'espace réservé à la madrague.

L'article 7 du décret du 9 germinal an IX, tout en faisant défense aux pêcheurs de tendre leurs filets dans le voisinage des madragues de manière à nuire à ces établissements, n'avait pas fixé la distance qui devait être observée.

On ne tarda pas à s'appercevoir des graves abus résultant de ce silence. Un règlement émané de l'autorité maritime, en date du 17 ventóse an X, fixa l'espace réservé aux madragues à un mille de la tête du filet du côté du levant ou abord des thons. (Voir la figure, lettre G.)

De tous les autres côtés les pêcheurs peuvent s'approcher librement; c'est ce que font un grand nombre d'entre eux pour pêcher la bogue et surtout le sévérau.

Vingt-cinq ou trente jours après que la madrague est calée, les filets se trouvent couverts d'un limon qui attire les bogues et les sévéraux. Ces poissons ne peuvent être pris par la madrague qu'en très-petite quantité, à cause de la largeur des mailles, mais les pêcheurs à la ligne viennent autour des filets et en prennent un grand nombre.

L'équipage d'une madrague se compose en général de quinze hommes, qui, d'après les règlements existants, doivent pour les deux tiers au moins appartenir à l'inscription maritime; il y a donc dix marins inscrits et cinq journaliers. Chaque homme reçoit un salaire fixe, plus une certaine quantité de poisson. Cette quantité est telle (2 à 3 kilogrammes) qu'elle excède la consommation du pêcheur et de sa famille, l'excédant est vendu dans le village et vient en aide à la subsistance de la population.

La madrague reste à la mer environ toute l'année, suivant qu'elle est plus ou moins abritée, mais en deux calages différents. Elle est donc relevée et calée deux fois par an. A chaque mise à l'eau, le fermier est tenu de faire connaître par des affiches, dans les ports et les villages voisins, l'époque de l'ouverture de la madrague et sa position exacte.

D'après ce qui précède, il est facile de comprendre que la pêcherie appelée madrague exige, de la part de celui qui l'exploite, des avances de fonds très-considérables. Outre la confection première du filet, l'achat des embarcations, la construction des maisons d'habitation et des magasins, chaque madrague exige une dépense annuelle de 35 à 40,000 fr. Dans les années favorables à la pêche, lorsque les poissons voyageurs sont abondants, l'exploitation fait des bénéfices assez considérables. Mais toutes les années ne sont pas favorables. Souvent il arrive que la pêche, sans manquer absolument, n'est pas abondante : alors le propriétaire de la madrague est heureux de retirer ses avances. Il arrive aussi que la pêche est tellement mauvaise que tout ou partie des avances est perdu. Et cependant, à la saison suivante, il faut recommencer les dépenses pour courir de meilleures chances.

L'importance du capital engagé dans une madrague et ces chances de bons ou de mauvais succès ont pour résultat de mettre ces pêcheries entre les mains de sociétés de négociants ou de capitalistes, et d'empêcher les pêcheurs de pouvoir les exploiter, même en se réunissant un grand nombre ensemble. Cette impossibilité est une des causes qui excitent la jalousie de certains pêcheurs contre les madragues.

SECTION II.

Examen et réfutation des griefs imputés aux madragues.

Les reproches adressés aux madragues par leurs adversaires sont au nombre de trois :

1° Les madragues sont nuisibles à la navigation ; 2° ces établissements nuisent essentiellement à la pêche en bateau ; 3° et au développement de l'inscription maritime.

Ces graves reproches sont-ils fondés ? Il sera facile de prouver le contraire.

§ Ier. — *Les madragues sont-elles nuisibles à la navigation ?*

Aux termes de l'article 1er du titre IV, livre 5 de l'ordonnance de 1681,

Aucune madrague ne peut être calée sans une permission du roi.

L'article 3 ajoute la défense absolue d'en établir dans des lieux où elles pourraient nuire à la navigation.

Ces deux prescriptions ont été exécutées avec une scrupuleuse exactitude toutes les fois qu'il s'est agi de faire concession d'une madrague. Pour se rendre compte du soin avec lequel les précautions étaient prises, il suffira de lire le texte même des lettres-patentes de concescession de madragues délivrées en 1701 qui viennent d'être citées.

Les madragues existantes aujourd'hui occupent encore le même lieu où elles furent autorisées, elles sont encore construites comme elles le furent dans l'origine.

Elles sont d'ailleurs moins nombreuses. Alors elles ne nuisaient pas à la navigation; peuvent-elles nuire aujourd'hui? Le fait est impossible. La navigation, depuis un siècle et demi, a fait de grands progrès, et ces progrès ne consistent pas à suivre de plus près les côtes et à contourner toutes les anfractuosités de la terre.

Loin de là, ces progrès consistent à éviter plus facilement le voisinage de la terre, à se rendre au but par une ligne plus droite. De plus, la puissance de la navigation à vapeur évite aux bâtiments qui sortent des ports, comme à ceux qui veulent y entrer, la nécessité de louvoyer dans les golfes étroits comme ils le faisaient autrefois. Sans doute, le nombre des navires qui abordent dans nos port est considérablement augmenté, sans doute la navigation est beaucoup plus active; mais il est bien constant que les madragues n'ont pas changé de nature, et qu'elles ne nuisent pas plus aujourd'hui à la navigation, qu'elles ne nuisaient sous le règne de Louis XIV, de ses prédécesseurs ou de ses successeurs.

D'ailleurs cette grave accusation, que l'on répète sans cesse, est démentie par les témoignages les plus officiels :

Dans la séance du 7 février 1848, le conseil municipal de Toulon, réclamant le rétablissement des cinq madragues supprimés, en 1845, sur les côtes du département du Var, s'exprime en ces termes :

« Les madragues ont été calées pendant plus de deux
« cents ans sur le littoral du département du Var, sans
« qu'il soit résulté de ces établissements *ni obstacles ni*
« *le moindre préjudice pour la navigation.* »

Plus loin, il ajoute : « Les commissions nommées par
« l'autorité maritime à l'effet de savoir si les madragues
« pourraient entraver les évolutions des flottes, ont re-
« connu que ces engins, placés sur les points du littoral
« et dans les distances prescrites par l'ordonnance de
« 1681 et l'arrêté du gouvernement du 9 germinal an IX,
« sont tout-à-fait inoffensifs. »

Le même conseil municipal a pris, le 14 novembre
1848, une seconde délibération dans le même sens.

Le conseil municipal de Marseille n'est pas moins ex-
plicite dans sa délibération motivée du 5 avril dernier
(1852). On y lit ce qui suit :

« Considérant que les pêcheries connues sous le nom
« de madragues existent depuis plusieurs siècles sur les
« côtes de Provence sans qu'il en soit jamais résulté ni
« obstacle ni préjudice pour la navigation;

« Considérant qu'elles ne nuisent pas non plus à la
« pêche ordinaire, en ce que celle-ci s'exerce principale-
« ment sur le poisson sédentaire ou de fond, tandis que
« les madragues ne prennent que le poisson voyageur,
« lequel, en ne faisant que passer le long de nos côtes,
« serait sans utilité pour nous si les madragues n'en
« faisaient servir une partie à notre alimentation;

« Considérant que les pêcheurs ordinaires sont inca-
pables, avec leurs engins, de prendre le poisson voya-
« geur en quantité tant soit peu importante, et que la

« pêche du thon, notamment, exige l'emploi de grands
« filets, tels que ceux des madragues, dont la dépense ne
« peut être faite que par des compagnies possédant les
« capitaux nécessaires;

« Considérant que les madragues versent annuelle-
« ment sur les marchés une quantité de poisson considé-
« rable, et qu'elles procurent ainsi à nos concitoyens et à
« toutes les populations qui nous environnent un aliment
« précieux et essentiellement utile aux classes pauvres et
« laborieuses;

« Considérant que, sans les madragues, le marinage
« du thon, qui est un des principaux éléments de l'in-
« dustrie de la salaison, ne pourrait plus être fait en
« France, et que nous serions réduits, comme avant l'é-
« tablissement de ces pêcheries, de demander cet article
« à l'Espagne et à l'Italie, et que nous redeviendrions tri-
« butaires de l'étranger pour un produit que nous pou-
« vons avoir chez nous;

« Considérant que les madragues donnent une très-
« grande activité au commerce de la sparterie, lequel met
« en relation avec l'Espagne et emploie un grand nom-
« bre de navires caboteurs;

« Considérant que le commerce de la sparterie fournit
« du travail et des moyens d'existence à une infinité de
« personnes de tout âge, pour la filature et la confection
« des câbles, cordages et filets nécessaires aux madra-
« gues;

« Considérant que les madragues fournissent encore
« du travail à un grand nombre d'industriels chargés de
« leur fournir le matériel nécessaire, tels que forgerons,

« voiliers, charpentiers, calfats, avironniers, fabricants
« de liège, cordiers, etc.;

« Considérant que la suppression de ces établissements
« de pêche priverait nos populations d'un puissant moyen
« d'alimentation et une foule d'industriels et d'ouvriers
« de leurs moyens d'existence;

« Délibère :

« De demander au gouvernement le maintien des éta-
« blissements de pêche connus sous le nom de madra-
« gues qui existent sur les côtes du département des Bou-
« ches-du-Rhône, et le rétablissement des madragues de
« *Marjiou*, de la *Ville*, de l'*Estaque* et de *Sausset*, qui
« ont été récemment supprimées...... »

La chambre de commerce de Marseille, c'est-à-dire la
réunion des hommes les plus intéressés à la sûreté de la
navigation, la réunion chargée par tous de veiller spé-
cialement à la sécurité du commerce maritime, la chambre de commerce du plus grand port français sur la Méditerranée, s'associe formellement au vœu du conseil
municipal, et constate, elle aussi, que les madragues
n'offrent aucun danger pour la navigation ; elle demande
expressément que les cinq madragues de l'État supprimées, soient rétablies.

Enfin, et ceci est plus décisif encore, au point de vue
de l'administration centrale de la marine, le premier
fonctionnaire maritime du littoral français sur la Méditerranée, le préfet maritime reconnaît et proclame, par
son arrêté du 30 novembre 1839, que les madragues ne
sont pas nuisibles à la navigation.

Tant et de si authentiques témoignages doivent-ils,

peuvent-ils être contrebalancés par des allégations vagues et dépourvues de toute espèce de preuve ? Car, et ceci sera le dernier argument, on répète sans cesse : « *Les madragues sont dangereuses, les madragues nuisent à la navigation,* » mais on ne cite pas un sinistre, on ne cite pas une avarie qui ait eu pour cause réelle une madrague. Il y a plus, lorsqu'un navire passe sur une madrague, s'il y a dommage, ce n'est jamais le navire qui est avarié, mais seulement la madrague.

Ainsi, en s'appuyant 1° sur les précautions prises par l'autorité dans la concession des madragues ; 2° sur les autorités les plus respectables et les plus compétentes ; 3° et sur les faits, les soussignés peuvent vous dire, Monsieur le Ministre : « Les madragues ne sont pas nuisibles à la navigation. »

Mais il y a un second grief : les madragues nuisent au développement de la pêche côtière.

Ce reproche n'est pas plus fondé que le premier ; pour le réduire à sa juste valeur, il suffit de réfléchir sur le mode d'action de la madrague comme moyen de pêche.

Ainsi que nous l'avons dit, la madrague est un filet placé à poste fixe sur un lieu déterminé et fixe aussi ; elle ne va pas chercher le poisson, elle l'attend.

Elle ne peut prendre aucun poisson sédentaire, elle ne fait sa proie que du poisson de passage, du poisson voyageur.

La madrague, ou plutôt les filets dont se compose la madrague, ne sont pas traînants, ils ne râclent pas les fonds ; d'ailleurs, leurs mailles sont tellement larges que

tous les poissons ordinaires et isolés s'échappent très-facilement.

Les pêcheurs ordinaires, au contraire, poursuivent le
poisson sédentaire, c'est lui surtout dont ils font leur
proie; les engins de pêche qu'ils emploient sont mobiles,
et trop souvent, malgré les règlements, ils labourent et
râclent les fonds de manière à détruire le frai et le poisson de jeune âge.

Ces pêcheurs, cependant, ne sont pas exclus, par la
présence des madragues, de la capture des poissons voyageurs, ils peuvent s'y livrer en toute liberté sur tous les
points de la mer, à la seule condition de respecter les
eaux réservées des madragues.

Mais, dit-on, ces eaux réservées sur lesquelles les pêcheurs ordinaires ne peuvent pas tendre leurs filets sont
justement l'objet de leurs réclamations; c'est ce privilége
accordé aux madragues qui nuit à la pêche.

Pour répondre à cet argument, il suffit de citer un
chiffre réel, incontestable : les onze madragues du département des Bouches-du-Rhône, alors qu'elles existaient
toutes (aujourd'hui l'État ayant supprimé les cinq madragues qui lui appartenaient, il n'en reste plus que six),
n'occupaient, y compris les eaux réservées fixées à un
mille, qu'une lieue carrée; tout le reste de l'espace, et,
certes, il est vaste, est libre; les pêcheurs peuvent y
prendre, et en grande quantité, toute espèce de poissons,
même les poissons voyageurs, qui, dans les saisons de
passage, y sont aussi abondants que dans les eaux des
madragues.

Quant aux poissons sédentaires, les madragues ne les

prennent pas, ne peuvent les prendre, les pêcheurs seuls s'occupent de cette pêche.

Dans les saisons de passage des thons, des palamides, des maquereaux blancs et biers, et des sardines, les madragues, il est vrai, prennent des quantités très-considérables de poissons des trois premières espèces, et très-peu de sardines.

Le pêcheurs ordinaires ne prennent qu'une quantité relative très-minime de thons, de palamides et de maquereaux, bien que ces poissons soient d'une abondance extraordinaire dans les lieux où ils peuvent tendre leurs engins.

Ils prennent au contraire une grande quantité de sardines et beaucoup de maquereaux au second passage, car, au premier, lorsque le poisson entre dans la Méditerranée, ils ne peuvent en saisir que très-peu.

Ce non succès de la pêche ordinaire pour la prise des poissons de passage doit-il être attribué aux madragues? Évidemment non, les preuves abondent. Les onze madragues du département des Bouches-du-Rhône n'occupent ensemble, nous l'avons dit, à peu près qu'une lieue superficielle, tandis que la pêche ordinaire, même dans la zône où les madragues sont établies, a une étendue immense de mer libre où elle peut poursuivre les poissons voyageurs depuis le rivage jusqu'à une distance au moins de six lieues au large. Cet espace énorme est peuplé d'une quantité immense de poissons, et, cependant, les pêcheurs ne peuvent en prendre qu'un très-petit nombre. Ce n'est donc pas la madrague qui met obstacle à la pêche ordinaire.

Mais ce fait est encore plus frappant sur les côtes du département du Var. Depuis 1845, il n'y existe plus de madragues. Si ces pêcheries sont la cause unique de la pénurie de la pêche ordinaire, cette pêche doit avoir pris une très-grande extension; si elles sont seulement une des causes de cette pénurie, la pêche doit au moins avoir fait quelques progrès. Il n'en est rien. La pêche ordinaire ne prend pas aujourd'hui plus de poissons voyageurs qu'elle n'en prenait en 1844 et dans les années antérieures. Et cependant les poissons existent, ils passent sur nos côtes et peuplent nos eaux; et cependant, avant leur destruction, les madragues du Var faisaient d'abondantes récoltes.

Ce n'est donc pas aux madragues qu'il faut imputer le résultat négatif de la pêche en ce qui concerne les poissons voyageurs.

La cause de ce fait est connu de tous les pêcheurs du Golfe.

Le poisson voyageur ne s'arrête pas, il suit en colonne plus ou moins compacte la route que la Providence lui a tracée, et les engins ordinaires sont ou trop faibles, ou trop petits pour le saisir. Souvent même ces engins sont inaptes pour la capture du poisson voyageur. C'est ce qui explique ce qui s'est passé aux mois de juin et juillet 1849. Un banc de maquereaux et de palamides s'était en quelque sorte abattu dans le petit golfe de Cassis. La mer en était littéralement pleine. Les pêcheurs mirent tout en œuvre pour s'emparer d'une partie de cette riche et abondante proie. Ils employèrent tous leurs engins, depuis la ligne jusqu'aux plus grands filets. Tous les efforts furent vains, il ne prirent rien, le poisson ne voulut ni mordre, ni s'emmailler. Pendant ce temps, la madrague de *Port-Miou* prit plus de 60,000 kilogrammes de ces poissons. Elle en prit plus de 30,000 kilogrammes en une semaine.

Ce fait se renouvelle tous les jours. Pendant que les madragues prennent une grande quantité de thons et autres poissons voyageurs, les pêcheurs n'en apportent pas du tout sur les marchés.

Les filets appelés *tonaires* et *palamidières* ne parviennent à saisir un petit nombre de poissons qu'en agissant à la manière des madragues; il faut les couler et les laisser en repos un certain temps.

L'obstacle aperçu par le poisson est aussitôt évité par la tête de la bande et, par conséquent, par tous ceux qui suivent, sauf quelques-uns qui heurtent et sont pris emmaillés.

Ces faits sont connus de tous les pêcheurs; la plupart d'entre eux ne cherchent pas même à profiter du passage des poissons voyageurs, et, pendant que les eaux sont couvertes de ces poissons, ils continuent à aller à plusieurs lieues au large chercher le poisson sédentaire.

Ces faits si faciles à vérifier, et que Monsieur le Ministre est prié de faire examiner de nouveau, par des hommes impartiaux, prouvent jusqu'à l'évidence que les madragues ne sont pas nuisibles à la pêche.

Comment donc les pêcheurs peuvent-ils se plaindre du préjudice causé par les madragues?

Cela est facile à expliquer. Constatons d'abord que ces plaintes n'émanent pas de tous les pêcheurs, mais seulement de quelques-uns, de quelques-uns qui sont loin d'être les plus expérimentés, mais qui, comme dans toutes les corporations, sont les plus ardents.

Le préjudice causé aux pêcheurs par les madragues, le voici : chaque année, les madragues des Bouches-du-Rhône, aujourd'hui réduites à six, peuvent envoyer sur les marchés du littoral, et notamment de Marseille, une moyenne de 250,000 kilog. de poisson frais et d'excellente qualité, et ce, non compris le poisson distribué chaque jour aux hommes de l'équipage.

Cette quantité de poisson maintient le prix de cet aliment, à la fois si sain et si substantiel, à un prix très-modéré : le maquereau surtout descend souvent à 35 ou 40 centimes le kilog.; le poisson de pêche ordinaire suit nécessairement ce cours, et s'il n'est pas vendu à un prix aussi bas, parce qu'il se compose souvent de poissons de luxe, il est nécessairement moins recherché et. par conséquent, à un prix moins élevé. C'est ce bas prix d'un aliment si précieux pour la population du littoral, entretenu pendant toute l'année par les madragues, qui est le préjudice non avoué, mais le préjudice réel que les pêcheurs reprochent aux madragues.

Ce préjudice, les soussignés l'avouent ; bien plus, ils le regardent comme un service important rendu à toute la population du littoral, ainsi qu'ils l'expliqueront dans la section suivante.

Au reste, ce grief des pêcheurs contre les madragues, il y a cent cinquante ans qu'il existe, et il y a cent cinquante ans qu'il se cache sous le même voile de l'intérêt public. En 1700. les corporations de pêcheurs de Martigues et de Marseille ne demandaient pas, il est vrai, la suppression des madragues, mais elles s'opposaient à leur établissement. En 1700 comme aujourd'hui, les madragues étaient nuisibles à la navigation, nuisibles à la pêche, nuisibles à l'inscription maritime. Colbert et son administration ne se laissèrent pas surprendre à ces beaux semblants de dévouement à la chose publique. Voici comment il répond aux corporations de pêcheurs : « ..... Nous avons remarqué que les principales raisons de ceux qui s'opposent à l'établissement des madragues sont principalement de se perpétuer dans la possession d'être les seuls qui aient la liberté de faire la pêche des thons et de profiter de la grande cherté dont il est vendu à cause de sa grande rareté... » Ce qui était vrai en 1700 est encore vrai en 1852. C'est la seule source de la guerre faite aux madragues et aux bordigues depuis quelques années ; c'est la source des disputes si vives entre les pêcheurs *aux bœufs* et au *ganguy*, guerres et disputes dans lesquelles, malheureusement, les agents inférieurs de l'administration maritime ont cru devoir prendre parti.

S'il était besoin d'une preuve de ce qui est avancé ici, on la trouverait dans les pièces de l'enquête faite, en 1850, sur la marine. Dans sa déposition, M. Rouffio, commissaire de la marine à Marseille, établit que toutes ces querelles ont pour source unique le désir de ruiner un mode de pêche pour vendre le poisson plus cher. (V. cette déposition, tome II, p. 327.) Cette déposition si positive est corroborée par celle beaucoup plus importante encore de M. le vice-amiral Baudin. (V. même volume, p. 188.)

Qu'il soit permis de le dire ici, Monsieur le ministre : si la pêche française sur les côtes de Provence est peu prospère, ce n'est pas aux madragues qu'il faut l'attribuer, mais à la destruction du fonds de pêche par l'emploi d'engins qui, en râclant et labourant les fonds, écrasent et détruisent le frai et le poisson de jeune âge.

§ III. — *Les madragues nuisent au développement de l'inscription maritime.*

Ce grief tombe devant l'argumentation qui précède, car effectivement l'innocuité démontrée en ce qui concerne la pêche s'étend naturellement, et comme conséquence, à ce qui concerne l'inscription. On ajoutera cependant un mot. D'après les règlements existants, les deux tiers au moins des hommes employés aux madragues sont des marins inscrits.

Chaque madrague employant 15 hommes, il s'y trouve 10 inscrits et 5 journaliers.

Cette proportion est beaucoup plus favorable à l'inscription maritime que celle qui est en usage à bord des bateaux de pêche. La loi des 8-12 décembre 1790, qui permet aux pêcheurs français sur le littoral de la Méditerranée de composer leurs équipages par moitié de matelots espagnols et de matelots français, est appliquée très-largement, non pas seulement à l'égard des Espagnols, mais même à l'égard de tous les étrangers et notamment des Sardes. Les pêcheurs usent de cette faculté; tous les bateaux sont montés par moitié de Français et d'étrangers. Maintenant, on le demandera avec assurance, quel est le plus avantageux à l'inscription maritime des madragues dont les équipages sont composés pour les deux tiers de marins inscrits et pour un tiers de journaliers français, souvent susceptibles d'entrer dans l'inscription, ou des bateaux de pêche montés pour moitié par des étrangers? La réponse ne saurait être douteuse. Les madragues présentent plus d'avantage à l'inscription maritime que la pêche ordinaire régie d'après la loi de 1790, interprétée et appliquée de cette étrange manière.

Pour les onze madragues du département des Bouches-du-Rhône, occupant un peu moins d'une lieue superficielle, cent dix inscrits maritimes trouvaient une occupation régulière et à l'année, au moyen de laquelle ils pouvaient élever leur famille.

Il faut remarquer que les madragues recueillent souvent et donnent du travail à des marins qui ne sont plus des hommes valides, c'est-à-dire propres au service, et que, par conséquent, elles aident des hommes qui auraient peine à subvenir à leurs besoins et à ceux de leurs enfants.

Il est difficile de trouver une industrie, même celle de la pêche en bateau, qui puisse, on ne dira pas être moins nuisible, mais plus utile à l'inscription maritime, et cette utilité deviendra plus grande encore si les propositions de la commission étant adoptées sur ce point, les propriétaires de madragues sont tenus à n'employer que des marins classés.

Les onze madragues fourniront alors un emploi fixe et régulier à cent soixante-cinq marins classés, et subviendront à l'entretien de cent soixante-cinq familles maritimes.

Ce reproche fait aux madragues de nuire à l'inscription maritime n'est donc pas plus fondé que les autres ; il l'est même moins, puisque par le peu de motifs qui précède on a établi que ces établissements aident puissamment à cette grande et belle institution.

Telle était l'opinion des hommes d'État du temps de Louis XIV, puisqu'ils affirmaient (lettres patentes de 1701 et de 1716) « que les madragues servaient à former un plus grand nombre de matelots pour le service du roi. »

***

SECTION III.

Non seulement les madragues ne portent préjudice ni à l'inscription maritime, ni à la pêche, ni à la navigation, mais encore elles rendent de très grands services à la population tout entière, et à la population maritime en particulier.

Les services rendus par les madragues sont de deux espèces :

1° Le travail fourni par ces établissements aux populations ;

2° Et les bas prix des produits de la pêche.

Nous avons vu que les madragues se composent d'une série de filets très-forts et d'une grande étendue ; que ces

filets, excepté le *corpus*, sont fabriqués avec la sparterie.

La dépense annuelle et moyenne de chaque madrague,
pour l'entretien et le renouvellement des filets et cordages de sparterie, s'élève de 10 à 11,000 francs, soit
pour les onze madragues des Bouches-du-Rhône 110,000
à 121,000 francs, et pour les six aujourd'hui exploitées
60,000 à 71,000 fr.

La plus grande partie de cette somme importante est
employée en main d'œuvre et passe en la possession de
la partie la plus pauvre et la moins valide de la population.

La sparterie, marchandise légère et encombrante,
mais de peu de valeur à l'état brut, est apportée des côtes
d'Espagne; les caboteurs du littoral français vont la
chercher pour la transporter dans nos ports. La plupart
de ceux qui chargent du plomb se servent de la sparterie
pour atténuer le danger que présenterait un chargement
composé exclusivement de masses de métal; quelques-uns
même ne consentent à charger du plomb que lorsqu'ils
trouvent en même temps de la sparterie à transporter.

Arrivée en France, la sparterie brute doit être tra-
vaillée et convertie en cordes, en câbles, en filets.

Cette matière ne peut être mise en œuvre avec des
machines, c'est à la main, et seulement à la main qu'elle
doit être filée.

Ces travaux simples, faciles et n'exigeant pas de gran-
des forces, sont confiés aux femmes, aux enfants et aux
vieillards, qui trouvent ainsi une occupation sinon très-
lucrative, du moins à leur portée, et qui leur permet de

contribuer pour une partie à leur entretien et à celui de la famille.

Sans doute les madragues ne sont pas les seuls établissements qui emploient la sparterie, mais ce sont ceux qui l'emploient sur la plus large échelle; et il est évident que si l'on enlevait du commerce de cette denrée plus de 60,000 francs que les madragues y consacrent annuellement, ce commerce en souffrirait beaucoup, surtout après la destruction des madragues de l'État.

D'ailleurs les établissements de pêche prenant toujours les sparteries de choix, permettent aux personnes qui font ce genre de travail de livrer au commerce et aux navires qui emploient des cordages de cette nature, les produits inférieurs à un prix beaucoup moins élevé.

Dans la saison de passage des poissons, et notamment du thon et du maquereau, les madragues fournissent une très-grande quantité de poissons aux ateliers de salaisons, et contribuent ainsi, pour une large part, à l'entretien d'une industrie importante sur les bords de la Méditerranée. Et on doit remarquer que, pour la salaison et surtout pour le marinage, le poisson pris par la madrague est de beaucoup supérieur à tout autre, parce qu'il est pris vivant et se conserve mieux.

Enfin, chaque madrague entretient à l'année, c'est-à-dire d'une manière régulière, quinze hommes, chefs de famille pour la plupart, et par conséquent assure l'existence de ces quinze familles.

Jusqu'à ce jour, sur ces quinze hommes, dix au moins appartiennent à l'inscription maritime, plusieurs d'entre eux sont des marins soit invalides, soit fatigués par les longues navigations, et qui trouvent dans les madragues un asile où, sans cesser de faire partie de l'inscription, de se livrer à l'état de marin, ils prennent un repos nécessaire tout en assurant le bien-être de leurs familles. Si les propositions de la commission sont acceptées par le Gouvernement, les quinze employés des madragues seront tous des marins.

Ainsi les madragues, par les filets de sparterie, assurent aux caboteurs un fret considérable et avantageux, et donnent un travail régulier à un grand nombre de femmes, d'enfants et de vieillards du littoral, c'est-à-dire tenant presque toujours aux marins.

Elles fournissent aux ateliers de la salaison une quantité considérable de poisson de qualité supérieure.

Enfin elles entretiennent régulièrement un assez grand nombre d'hommes et de marins, et assurent ainsi la subsistance des familles maritimes.

Ces avantages suffiraient seuls, s'ils étaient bien connus, pour assurer aux madragues la protection qui leur est due, la protection dont elles ont été entourées pendant plusieurs siècles ; mais ils ne sont pas les seuls que présentent ces établissements. Il y a plus, ils ne sont pas les principaux.

Un des premiers soins, nous dirons même un des premiers devoirs d'une administration éclairée est d'assurer aux populations une nourriture saine au meilleur marché possible, et nous devons ajouter que nulle administration n'a fait plus d'efforts que celle qui nous régit actuellement pour arriver à ce résultat. Nul aliment n'est plus propre à remplacer efficacement la viande que le poisson, surtout les poissons à chair ferme et succulente comme le thon et la palamide.

Ces deux principes sont incontestables et incontestés; il est incontestable aussi que les populations riveraines de la mer font leur aliment principal du poisson.

L'Administration doit donc chercher à augmenter autant que possible la quantité de poisson mise en consommation, et à faire baisser les prix, afin d'arriver à ce résultat, but de tous ses efforts : « *Alimentation saine,* « *abondante et à bon marché, c'est-à-dire accessible à* « *tous.* »

Nul établissement ne peut contribuer plus efficacement à atteindre le but proposé que les madragues. Ce fait n'est pas nouveau, l'auteur de l'ordonnance de 1681, Colbert, le proclame hautement; voici comment s'exprime ce grand homme d'État dans les lettres-patentes signées par le roi en 1701 et contresignées par lui : « D'ailleurs, plus il « y aura de ces sortes d'établissements, plus le public y « trouvera d'avantages par le thon qui se trouvera en « plus grande abondance et à meilleur marché, qu'il s'y « formera même un plus grand nombre de matelots pour « notre service, et qu'on évitera à l'avenir d'aller dans les « pays étrangers porter de l'argent de France pour n'en « rapporter que du thon salé, parce que désormais ces « sortes de salaisons pourront se faire dans le royaume. »

Comme on le voit, Colbert, l'homme qui a en quelque sorte créé la marine française sous Louis XIV, reconnaissait et proclamait l'immense utilité des madragues pour assurer le bas prix et l'abondance du poisson. Ce que Colbert proclamait en 1701 est vrai encore aujourd'hui, les madragues seules peuvent fournir le poisson en quantité suffisante pour le maintenir à un prix assez modéré pour que tous les habitants puissent s'en procurer.

C'est ce qui est formellement constaté par des documents officiels.

Voici comment s'exprime le conseil municipal de Toulon dans sa délibération du 7 février 1848, délibération dans laquelle il réclamait le rétablissement des madragues du département du Var.

« A Toulon, pendant que les madragues fonction-
« naient sur les côtes du Var, le thon et le maquereau
« étaient ordinairement vendus à un prix modéré, et dans
« la saison du passage, ce prix descendait jusqu'à 1 fr.
« 20 c. et 1 fr. le kilog. pour le thon et à 25 ou 30 c.
« pour les maquereaux ; tandis qu'aujourd'hui le prix
« du thon y est toujours de 3 à 4 fr. le kilog. et celui
« du maquereau de 1 fr. 50 c. à 2 fr. »

Le même conseil municipal donna ces mêmes motifs pour base à sa délibération du 14 novembre 1848.

Dernièrement et pendant le séjour du Prince Président de la République à Toulon, le conseil municipal n'a pas hésité à demander au Prince le rétablissement des madragues, et c'est surtout sur ce fait incontestable que la réclamation fut fondée.

C'est sur ces mêmes arguments que la chambre du commerce et le conseil municipal de Marseille se sont appuyés dans leurs délibérations du mois d'août dernier pour demander le rétablissement des cinq madragues de l'État détruites dans le département des Bouches-du-Rhône.

Il est inutile d'ajouter que toute espèce de préparations du thon ou du maquereau, soit salé, soit mariné, ont cessé dans le département du Var, et qu'elles ont considérablement diminué dans les Bouches-du-Rhône; car lorsque le poisson frais est cher et rare, lorsqu'il ne suffit pas à la consommation, il est impossible de penser à faire des salaisons.

Ces faits incontestables, et qui en cas de contestation seraient si facilement prouvés, doivent frapper tous les yeux.

Ils sont graves, mais ils doivent s'aggraver encore lorsque, par la création des chemins de fer, de nombreuses populations, jusqu'ici privées de pouvoir manger du poisson frais, seront mises en contact rapide et quotidien avec le littoral.

Ils s'aggraveront surtout si les propositions émises par la commission des Bouches-du-Rhône sont accueillies par vous, Monsieur le Ministre, et trouvent place dans le décret réglementaire de la pêche côtière du 5ᵉ arrondissement maritime; car alors les six madragues existantes encore dans le département des Bouches-du-Rhône seront supprimées de fait.

SECTION IV.

Examen et discussion des propositions de la commission de Marseille.

La commission réunie à Marseille par vos ordres, Monsieur le Ministre, pour préparer les règlements destinés à régir la pêche côtière sur le littoral de la Méditerranée s'est occupée des madragues; elle a formulé des dispositions qu'elle vous propose de faire passer dans le décret réglementaire; ces propositions sont au nombre de neuf; elles soulèvent de graves questions que les soussignés croient devoir vous soumettre; elles sont ainsi conçues :

1. Les embarcations affectées aux madragues seront exclusivement armées de marins inscrits et portés sur le rôle d'équipage.
2. Les avaries faites aux madragues par des navires ne pourront donner lieu à réclamation d'indemnité, hors le cas de malveillance constatée.
3. Signaler les points principaux sur lesquels les madragues sont calées.
4. Un feu sera placé pendant la nuit dans une embarcation amarrée au corps de la madrague. Ce feu sera élevé à deux mètres au-dessus du niveau de la mer.
5. Suppression de l'espace anciennement réservé pour les madragues (un mille à partir de la queue de la

madrague du côté d'abord des thons, suivant arrêté préfectoral du 30 novembre 1839). La commission réduirait cet espace à la surface d'eau comprise dans le triangle formé par une ligne partant de la bouée marquant la tête du levant, la queue de la madrague et la partie de la muraille de la madrague comprise entre ces deux lignes.

6. Maximum de longueur de la queue fixé à 600 mètres.

7. La queue devra laisser 100 mètres libres entre son extrémité et la côte, c'est-a-dire qu'elle ne pourra jamais être amarrée à terre.

8. Les exploitants d'une madrague ne pourront se servir d'aucun engin ou filet auxiliaire pour prendre le thon; ils devront attendre que ce poisson s'engage de lui-même dans la madrague.

9. La grandeur de la maille, dans toute l'étendue du corps de la madrague, devra être d'un pied carré. La maille de la poche, soit corpus, de 135 millimètres.

Ces propositions doivent se diviser en deux catégories. La première se composant de trois propositions (numéros 1, 3 et 4) qui, bien que d'une exécution très-difficile, peut-être même impossible dans certains cas, et toujours très-onéreuse pour les propriétaires des madragues, ainsi que nous allons le démontrer, sont cependant des dispositions réglementaires.

La seconde catégorie comprend les six autres dispositions. Dans l'examen qui va suivre, il sera facile d'établir que l'ensemble de ces propositions, et même chacune d'elles prise séparément, est un moyen détourné d'arriver à détruire immédiatement et non à réglementer les madragues.

PREMIÈRE PROPOSITION. — « Les embarcations affec-« tées aux madragues seront exclusivement armées de « marins inscrits et portés sur le rôle d'équipage. »

Cette proposition peut sans doute passer dans le décret réglementaire, les exposants devront s'y soumettre et par conséquent subir la charge assez lourde qu'elle leur impose; cette charge consiste dans la différence du salaire qu'il faut nécessairement accorder au marin inscrit à celui qui est exigé par un simple journalier. Dans l'état actuel, les hommes employés dans les madragues sont pour deux tiers des marins inscrits et pour l'autre tiers des journaliers; les propriétaires des madragues auront donc à supporter la différence annuelle du salaire de cinq à six hommes.

Mais si cette proposition est réglementaire, est-elle juste, est-elle conforme aux lois maritimes françaises? Elle n'est ni conforme à nos lois, ni juste.

Aux termes de l'acte de navigation, aux termes de toutes nos lois sur cette matière, les navires français de toute nature peuvent composer leurs équipages de marins étrangers pour un quart. Cette règle est appliquée sur une base plus large encore à tous les pêcheurs du littoral de la Méditerranée. Ainsi qu'il a été dit ci-dessus, et par suite d'une interprétation, erronée peut-être, du texte de l'article 2 de la loi du 12 décembre 1790, les pêcheurs des côtes de la Méditerranée peuvent composer leurs équipages de marins étrangers jusqu'à concurrence de moitié. Tous, sans exception, profitent de cette faculté, tous recrutent la moitié de leurs équipages parmi les étrangers, par conséquent parmi les marins non inscrits. Comment donc les madragues seules seraient-elles exclues du bénéfice de la loi?

Les soussignés pensent qu'il suffit de vous signaler cette anomalie.

Troisième proposition. — « Signaler les points prin- « cipaux sur lesquels les madragues sont calées. »

Cette proposition n'est que la reproduction un peu étendue de la disposition de l'article 3, titre IV, livre V de l'ordonnance de 1681. Elle ne saurait soulever aucune difficulté.

Quatrième proposition. — « Un feu sera placé pen- « dant la nuit dans une embarcation amarrée au *corpus* « de la madrague. Ce feu sera élevé de deux mètres au- « dessus du niveau de la mer. »

Cette disposition, si elle est adoptée, imposera aux pro- priétaires de madragues une dépense assez forte. Cependant, ils ne feront aucune objection sur ce point. Mais il en est un autre sur lequel ils doivent insister; c'est la dif- ficulté et souvent même l'impossibilité qu'ils rencontre- ront pour exécuter cette partie du réglement. Dans les gros temps, lorsque le vent ou la mer s'y oppose, comment allumer un feu ou le tenir allumé? Cette disposition a évidemment pour but d'éviter des sinistres, qui, comme nous l'avons déjà prouvé, n'arrivent jamais. Pour éviter ces sinistres imaginaires, faudra-t-il mettre à la mer une embarcation et son équipage, et risquer un sinistre imminent? Il est évident qu'il n'en peut être ainsi. Enfin, la prescription dont il s'agit ayant été exécutée, le vent, la mer ou toute autre cause peut couler, chavirer et entraîner l'embarcation, l'une de ces causes peut éteindre le feu placé à deux mètres au-dessus du niveau de la mer. Il y aura donc souvent impossibilité d'exécuter cette partie du règlement. Dans ces cas, les propriétaires de madragues se trouveront dans une position très-difficile; ils seront placés entre l'impossibilité matérielle d'exécuter le règlement et la disposition pénale des art. 3, § 9, 5 et 6 de la loi du 9 janvier 1852, c'est-à-dire passibles d'une amende de 50 à 250 francs, d'un emprisonnement de six jours à un mois; et, en cas de récidive, en outre des peines ci-dessus, ils pourront voir supprimer leurs établissements.

Il est évident que telle ne peut pas être l'intention de la commission de Marseille. Il y a lieu de penser qu'elle ne veut pas mettre les propriétaires de madragues entre une impossibilité physique et l'application de la loi pénale. Il y a donc lieu de modifier la rédaction de la proposition n° 4, en ce sens que le feu ne sera exigé que lorsque le temps permettra de le placer.

Ne serait-il pas juste même de supprimer complètement cet article? Les pêcheurs ordinaires laissent souvent leurs filets à la mer pendant la nuit, c'est ce qui arrive notamment pour les tonaires, les palamidières. Ces filets ne sont pas toujours placés au même endroit, et, cependant, on n'exige pas la présence d'un feu. Pourquoi l'exigerait-on des madragues dont l'emplacement est parfaitement connu de tous les marins des environs? Pourquoi les madragues seraient-elles mises ainsi hors la loi commune?

La seconde catégorie des propositions de la commission de Marseille soulève des objections beaucoup plus graves. En effet, ces propositions, soit qu'on les prenne dans leur ensemble, soit qu'on les considère chacune isolément, si elles n'ont pas eu pour but la destruction des madragues, auraient pour effet cette destruction immédiate. L'adoption de ces dispositions soulèverait donc la question de savoir si le pouvoir de réglementation confié à l'Administration par l'art. 3 de la loi du 9 janvier 1852, s'étend jusqu'à édicter des conditions qui, par leur nature, entraîne la ruine complète des établissements existants; si ce pouvoir est tel qu'il permette la suppression des madragues par une voie indirecte et détournée. En effet, on peut, sous ce point de vue, assimiler les pêcheries aux établissements industriels placés sur les cours d'eau. L'Administration a le droit incontestable de les réglementer, mais la jurisprudence, d'accord avec l'esprit de la loi, a déterminé et limité ce droit de réglementation aux mesures qui ne compromettent pas l'existence même de l'industrie.

Sous toutes les réserves nécessaires de faire valoir leurs droits à cet égard, les exposants passent à l'examen et à la discussion des proposition de la commission.

Deuxième proposition. — « Les avaries faites aux « madragues par dés navires ne pourront donner lieu à « réclamation d'indemnité, hors le cas de malveillance « constatée. »

Cette proposition soulève, et avec raison, les vives réclamations des propriétaires de madragues. Son but évident est de mettre ces établissements en dehors du droit commun.

D'après la loi commune (art. 1382 du Code civil), tout homme est tenu de réparer le dommage causé par son fait, même involontaire. Ce fait donne lieu à une action civile en réparation du tort causé. Si le fait portant dommage ou destruction de la chose d'autrui a été le résultat d'une volonté réfléchie, du mauvais vouloir, en un mot de la malveillance, il y a un délit puni par la loi pénale (art. 450 et suivants du Code pénal). Il y a lieu alors à l'action publique, outre l'action civile qui appartient à la partie lésée pour obtenir la réparation du préjudice à elle causé. Telle est la loi générale, le droit commun.

La proposition n° 2 de la commission de Marseille renverse toute l'économie de cette loi, elle supprime l'action civile, c'est-à-dire la seule qui appartienne à la partie lésée, pour ne laisser subsister que l'action publique, dont cette partie ne peut faire usage. En un mot elle jette les madragues en dehors du droit commun.

Ainsi, pour qu'il y ait lieu a indemnité, la commission exige qu'il y ait *un délit constaté*, car la malveillance, dans ce cas, est un délit. Mais qui constatera ce délit?

Nul autre qu'un agent de l'autorité n'a le droit de faire cette constatation, qui devient dès-lors impossible pour les propriétaires ou les fermiers des madragues. D'ailleurs, l'incurie, la négligence, la faute même du capitaine ou patron doivent, aux termes de la loi, doivent en droit comme en équité, retomber sur lui. Il n'en serait rien cependant si la proposition était adoptée, car cette faute ne constitue pas encore le délit de volonté réfléchie, de malveillance; délit, d'ailleurs, presque impossible à prouver.

Aujourd'hui les propriétaires de madragues sont, sous ce rapport, soumis au droit commun; en cas de dommages, ils peuvent user de l'action civile en réparation; ces dommages sont très-rares. Les capitaines et patrons, tenus en éveil par la responsabilité qui pèse sur eux, et connaissant parfaitement la position des madragues, ne les abordent jamais. Si par la proposition de la commission on enlève cette responsabilité, les capitaines et patrons seront moins vigilants, les dégâts et les avaries seront beaucoup plus fréquents. Les propriétaires de madragues éprouveront de graves dommages; mais on ne peut nier que les capitaines et patrons ne trouveront aucun bénéfice, aucun profit à ce changement. Le résultat aura été de nuire aux madragues sans rendre aucun service à la navigation.

Les soussignés pensent donc, Monsieur le Ministre, qu'il y a lieu de rejeter entièrement la deuxième proposition de la commission.

CINQUIÈME PROPOSITION. — « Réduction de l'espace

« d'eau réservé (un mille à partir de la tête de la ma-
« drague du côté de l'abord des thons) à la surface d'eau
« comprise dans un triangle formé par une ligne tirée
« de la tête de la madrague, à l'extrémité de la queue du
« filet à terre. »

En expliquant la construction de la madrague, les exposants ont démontré que le filet attendait le poisson à
son passage, qu'étant immobile il ne pouvait aller le
chercher. La conséquence naturelle et forcée de cette
position est que le poisson ne puisse pas être détourné de
sa route naturelle afin qu'il vienne se jeter dans le filet.
Or il est bien constant que le moindre obstacle dérange
le poisson, le fait dévier au large. Le moindre filet tendu
dans l'eau, une embarcation, détourne le poisson de sa
route; il ne retourne vers le rivage qu'après avoir dépassé
l'obstacle. Un périmètre réservé est donc le seul moyen,
pour les madragues, d'avoir du poisson, c'est-à-dire
d'exister. L'ordonnance de 1681 avait fixé l'espace réservé à chaque madrague à deux milles de la tête de la
madrague du côté du levant ou de l'abord des thons,
c'est-à-dire du côté de l'ouverture du filet. Cette législa-
tion resta en vigueur jusqu'en l'an IX. A cette époque,
l'espace réservé resta sans limite fixe; mais dès l'année
suivante, le 17 ventôse an X, un règlement fixa à un
mille le périmètre réservé à chaque madrague. Le 30 novembre 1839, un arrêté du préfet maritime du 5e arrondissement, destiné à rappeler les lois et règlements
précédents, fixa également l'espace réservé à un mille.
Cette limite avait restreint considérablement les chances

de succès des madragues : il leur avait enlevé tout ce qu'il était possible de leur enlever sans les anéantir, et cependant l'arrêté proclame la nécessité d'un espace d'eau réservé, sans lequel la madrague n'existe plus, puisque le poisson ne peut plus y arriver.

La commission de Marseille va plus loin : elle supprime complètement l'espace réservé ; nous disons qu'elle supprime complètement cet espace, parce que l'on ne peut donner une autre interprétation à la mesure qu'elle propose. En effet, soit qu'elle ait persisté dans l'idée première par elle émise de limiter les eaux réservées à un triangle formé par une ligne tirée de la bouée de tête du levant F (voir la figure) à la queue du filet B; soit qu'elle ait modifié son avis premier et fixé l'espace réservé à un carré formé par une ligne droite tirée de la tête du levant F au rivage, au point H, c'est une concession purement illusoire. En effet, même en admettant cette dernière hypothèse qui semble la plus favorable, un pêcheur peut venir tendre ses filets ordinaires, ou même caler une palamidière ou une tonaire immédiatement en dehors de la ligne F H en I J. Le poisson qu'il ne prendra pas, fuyant son filet, gagnera le large et ne pourra pas rentrer dans la madrague, car le seul espace libre est l'étroit défilé entre les points I F. La madrague ne peut plus fonctionner que lorsqu'il plaira à tous de lui laisser l'entrée libre; elle est anéantie.

Ce qui précède s'applique à plus forte raison encore à l'espace triangulaire indiqué par la commission de Marseille.

Les sixième et septième propositions qui concernent la queue de la madrague doivent être réunies pour la discussion.

Sixième proposition. — « Le maximum de longueur « de la queue de la madrague est fixé à 600 mètres. » Septième proposition. — « La queue de la madrague « devra laisser entre son extrémité et la côte un espace « libre de 100 mètres au moins. »

La pêche des poissons voyageurs exige, ainsi qu'il a été dit, pour être faite par des filets fixes, diverses conditions. Il faut notamment que le passage soit intercepté à partir de l'endroit où l'eau a la profondeur de 5 à 6 brasses, et que le filet principal soit placé par une profondeur de 22 à 23 brasses. Ces poissons, trouvant un obstacle, remontent en suivant le mur qui leur est opposé et entrent dans le filet.

La queue d'une madrague ne peut pas être plus ou moins longue suivant la volonté ou le caprice du propriétaire ou du raiz : les circonstances locales, la profondeur de l'eau seules déterminent son étendue. Il faut de toute nécessité qu'elle commence à l'endroit où l'eau a une profondeur de 5 à 6 brasses et qu'elle s'étende jusqu'au point où l'on trouve 22 à 25 brasses. C'est une condition nécessaire, indispensable de réussite. Ainsi donc, sur une côte escarpée où l'eau a une grande profondeur, la queue sera beaucoup plus courte; amarrée à terre, elle atteindra promptement le point où le corps même du filet doit être calé. Si, au contraire, il s'agit d'une plage plate et basse, la queue de la madrague pourra se trouver placée très-loin de terre, et le filet qui la forme devra avoir une étendue très considérable pour atteindre le point où doivent être placés les chambres et le *corpus*. L'expérience de plusieurs nations, pendant plusieurs siècles, a démontré que, hors de ces conditions, il était impossible qu'une madrague pût prendre du poisson, c'est-à-dire impossible qu'elle existât.

Tout ce qui précède s'applique à la septième proposition. Comme il est impossible de déterminer la longueur de la queue de la madrague, il est également impossible d'imposer la condition de la tenir éloignée au moins de 100 mètres du rivage. Suivant la nature des côtes et la profondeur de l'eau, il faut indispensablement que la queue de la madrague soit fixée à terre ou éloignée de la plage. Si la proposition de la commission était accueillie, les madragues placées dans des eaux profondes, devant laisser libre un passage de 100 mètres de largeur, ne pourraient plus prendre aucun poisson; ce résultat est infaillible et facile à comprendre : le thon suit le rivage à la distance où il trouve la quantité d'eau qui lui est nécessaire (cinq à six brasses), le plus grand nombre passerait par l'espace de 100 mètres laissé libre, et ceux qui rencontreraient la muraille de filets viendraient facilement trouver cette même ouverture.

Les deux conditions proposées par la commission de Marseille sont donc impossibles.

HUITIÈME PROPOSITION. — « Les exploitants d'une ma-
« drague ne pourront se servir d'aucun engin ou filet

« auxiliaire pour prendre le thon; ils devront attendre
« que ce poisson s'engage de lui-même dans la ma-
« drague. »

Il est difficile de découvrir la raison, le motif qui ont
pu dicter cette proposition de la commission. Elle présente de très-graves inconvénients pour les madragues,
mais il est impossible d'y voir un avantage quelconque.

Sans doute la commission n'a pas eu l'intention de mé-
nager le poisson voyageur, les troupes de ces poissons qui
sont aujourd'hui sur nos côtes sont bientôt et en quelques
heures sur le littoral de l'Italie, de la Sardaigne, de la Si-
cile ou de l'Espagne; tout ce qui n'a pas été pris nous est
enlevé sans retour. Tout ce qui a échappé au filet est
perdu pour nous.

Cette disposition a-t-elle pour but de laisser une plus
grande quantité de poisson aux pêcheurs ordinaires?
Mais à chaque passage des myriades de poissons voyageurs, de thons, de palamides, de maquereaux traversent
nos eaux pour aller ensuite chez nos voisins. Tout ce que
peuvent saisir les pêcheurs, quand ils seraient dix fois
plus nombreux, dix fois plus habiles qu'ils le sont; tout
ce que peuvent prendre les madragues, en quelque nombre qu'elles puissent être, ne peut, on ne dira pas épui-
ser, mais même diminuer sensiblement la masse qui forme
le fond de cette pêche. Depuis plusieurs siècles les madragues existent, depuis plusieurs siècles cependant les
pêcheurs ont pu prendre les poissons voyageurs, susceptibles d'être saisis par leurs engins. Car il en est, le maquereau blanc notamment, dans la saison où il remonte,

dans la Méditerranée, c'est-à-dire dans les mois de mars, avril et mai, ne peut être saisi par les filets ordinaires, la madrague seule peut les prendre. S'ils n'en prennent pas une plus grande quantité, ce n'est pas la madrague qui en est la cause. L'instinct du poisson, la nature des filets et engins sont les obstacles qui s'opposent à ce que la pêche ordinaire réussisse plus complètement. La madrague favorise même cette pêche. En arrêtant la tête des bancs de poissons, elle les force à séjourner dans nos eaux plus longtemps qu'ils ne le feraient sans cet obstacle.

La proposition faite par la commission ne peut donc avoir aucun but, à moins, ce qui n'est pas admissible, ce qui ne pourrait être avoué, que ce but fût uniquement de réduire le produit des madragues, de ruiner ces établissements. Mais, dans cette hypothèse que les exposants repoussent, qu'ils ne peuvent pas considérer comme réelle, on ne ferait pas attention que plus le produit des madragues est considérable, plus le poisson est abondant sur les marchés, plus il en est porté aux ateliers de salaison; d'où la conséquence que, lorsque la pêche est abondante, le poisson frais, cette denrée alimentaire si saine, si précieuse, est à bas prix et accessible à tous, et que les ouvriers trouvent un travail assuré dans les ateliers de salaison.

Depuis de longues années les madragues emploient des filets supplémentaires; elles en ont d'autant plus besoin aujourd'hui, que la réduction des eaux réservées à un mille leur a déjà enlevé une grande partie de leurs chances de succès. Ainsi qu'il a été expliqué en parlant

de la madrague, les filets auxiliaires servent à faire entrer dans les chambres du filet le poisson qui se trouve
déjà engagé dans l'enceinte de la madrague, c'est-à-dire
entre le rivage, la tête et la queue du filet principal. Ils
sont aujourd'hui indispensables aux succès de ces établissements; leur prohibition serait une cause de ruine,
sans profit pour personne, à moins que l'on regarde
comme un profit, comme un avantage la cherté du poisson frais sur les marchés, la disette du poisson frais sur
un littoral que la nature a si abondamment pourvu.

Neuvième proposition. — «La grandeur de la maille,
« dans toute l'étendue du corps de la madrague, devra
« être d'un pied carré. La maille de la poche, soit *cor-*
« *pus*, de 135 millimètres. »

Les madragues ont été créées et construites pour prendre les diverses espèces de poissons voyageurs; les lettres-
patentes de 1701 et 1716 en font foi; elles portent:
« ..... Avons concédé.... concédons d'établir des madra-
« gues à pêcher le thon *et autres poissons....* » Il ne peut
être question que des poissons voyageurs, parce que la
madrague, filet fixe et immobile, ne peut en prendre
d'autres, si ce n'est, accidentellement et en petite quantité, les bogues et les sévéraux. Sur les côtes françaises
de la Méditerranée, les poissons voyageurs sont 1° le
thon, 2° la bonite ou palamide, 3° le maquereau, et 4° la
sardine. Les mailles des filets qui forment la madrague,
excepté le corpus, sont actuellement si larges qu'un thon de
moyenne grosseur y passerait facilement. Si le poisson, le

maquereau surtout, mais aussi la palamide et même le thon, ne s'échappe pas, c'est que, par suite d'une erreur d'optique, sans doute, l'obstacle que lui présente la queue de la madrague lui paraît infranchissable; il ne cherche même pas à traverser le filet, il ne s'emmaille pas. La sardine, elle, échappe presque toujours à la madrague, qui en prend très-peu, même dans la saison la plus favorable.

Si on élargit encore les mailles du filet qui forment l'ensemble de la madrague, si, au lieu de 9 pouces, on leur donne un pied en carré, il est évident que le maquereau échappera comme échappe la sardine; la palamide, plus vive que le thon, suivra la même voie, et par des mailles d'une pareille dimension elle ne pourra jamais être retenue. La madrague se trouvera donc réduite à ne prendre que les thons si la maille proposée de la poche ou *corpus* lui permet de le faire, ce qui sera examiné ci-après.

Privée de la ressource qu'elle tire de la capture du maquereau, de la bogue, du sévérau et de la palamide, la madrague peut-elle se soutenir? La réponse ne saurait être douteuse. Non, la madrague, privée de ces ressources, ne peut pas continuer à travailler.

Chaque madrague prend, en moyenne, 35 à 40,000 kilogrammes de poisson par année lorsque la pêche est bonne; près de la moitié de cette quantité se compose de maquereaux de palamides, de bogues et de sévéraux. 10,000 kilogrammes sont distribués aux hommes de l'équipage, le reste est versé sur les marchés ou dans les ateliers de salaison. Si on enlève aux fermiers des madragues cette importante ressource, ils seront dans l'impossibilité de continuer. En effet, ne pouvant plus fournir aux hommes de l'équipage le poisson en nature, ils seront forcés d'augmenter les salaires, ce qui ferait une dépense nouvelle de 6,000 fr. au moins ; de plus, ils seraient privés des produits de la pêche qui, aujourd'hui, sont livrés à la consommation, et qu'un ne peut évaluer à moins de 6,000 fr.

Ainsi, ce fait d'enlever aux madragués la pêche des poissons voyageurs autres que le thon, grève chaque pêcherie d'une somme annuelle de 12,000 fr., c'est-à-dire force les propriétaires et fermiers à renoncer à leur industrie. La pêche à la madrague exige des capitaux considérables ; il n'est pas d'établissement qui ne coûte annuellement 25 à 40,000 fr. à celui qui l'exploite. Si la pêche est bonne, il fait des bénéfices, mais lorsque, comme cela arrive assez souvent, le poisson voyageur manque, il fait des pertes considérables. Si on diminue la recette de 6,000 fr. en augmentant la dépense d'une pareille somme de 6,000 fr., si, par conséquent, on charge chaque madrague de 12,000 fr. par an, il est évident qu'il n'y a plus de compensation possible entre les bonnes et les mauvaises années, il faut que la madrague périsse.

D'ailleurs,

Il est rare que toutes les espèces de poissons voyageurs manquent la même année ; l'abondance de l'un sert en général, non pas à compenser, mais à diminuer la perte causée par l'absence de l'autre. En enlevant aux madragues la faculté de prendre les poissons voyageurs autres que le thon, on met les propriétaires ou fermiers dans l'alternative ou d'abandonner la pêche, ou de subir, la

première année où le thon manquera, des pertes considérables qu'ils ne pourraient jamais récupérer. Pourquoi
donc exiger que les mailles du corps de la madrague aient
un pied carré, alors que l'on n'impose pas la même condition aux filets appelés tonaires, palamidières? Pourrait-
on donner quelques raisons valables de cette différence
mise par la commission entre les filets de madragues et
les autres filets?

Mais tous ces raisonnements s'appliquent au cas où
l'adoption de la neuvième proposition de la commission
permettrait aux fermiers de prendre du thon; or, si cette
proposition devenait un article du règlement, les madragues, privées des autres poissons voyageurs, seraient
dans l'impossibilité de prendre même les thons.

La poche ou *corpus* de la madrague se compose d'un
filet en chanvre à mailles étroitesf, ormant une nappe très-
forte, mais de peu d'étendue. Le poisson est conduit, on
dira presque versé dans ce filet par *le plan*. Là il est saisi
vivant et mis dans les embarcations. Il est facile de comprendre que pour arriver à ce résultat d'accumuler dans
un filet de peu d'étendue des centaines et quelquefois
des milliers de poissons de la force du thon ou de la palamide, il faut que le filet remplisse deux conditions essen-
tielles : 1º il doit être très-solide; 2° il faut que les
mailles soient très-petites.

Les poissons ainsi accumulés dans un espace très étroit
entourés, effrayés par le bruit, font les plus grands efforts pour recouvrer leur liberté. Tous ces efforts réunis
donnent au filet des secousses auxquelles il ne pourrait résister s'il n'était pas d'une très-grande solidité.

C'est par cette raison que le *corpus* est fait avec des fils de chanvre et qu'il est à petites mailles; car il est incontestable que plus les mailles sont petites, plus le filet est solide. Mais la force indispensable au *corpus* n'est pas le seul motif qui exige que les mailles de ce filet soient petites; il en est un autre très-important. Pour que la madrague puisse fonctionner, il est de nécessité absolue que le poisson ne puisse pas s'emmailler. Si on élargissait la maille du *corpus*, les palamides ou les thons ne manqueraient pas, dans leurs efforts pour fuir, de se prendre dans les mailles du filet, soit par le museau, soit par la queue. Lorsqu'un grand nombre seront ainsi pris, il n'existe pas de filet de force suffisante pour résister aux secousses que des centaines de poissons imprimeraient au *corpus*; les embarcations seraient brisées, et les hommes qui les montent exposés aux plus grands dangers; le filet serait rompu, la pêche serait impossible.

Telles sont les conditions nécessaires, indispensables à la pêche du thon par la madrague.

La commission, par la première partie de la neuvième de ses propositions, enlève aux madragues la pêche du maquereau, du sévérau, de la bogue et même de la palamide. Sans doute, la seconde partie de cette proposition sera de nature à assurer la pêche du thon à ces établissements? non, elle est de nature à rendre cette pêche impossible. La commission propose d'exiger que les mailles du *corpus* aient 135 millimètres carrés!

Il n'est pas de thon, quelle que soit sa grosseur, qui ne puisse s'emmailler dans un pareil filet, et il n'est pas de filet avec de pareilles mailles qui ne soit très-facilement brisé par les efforts réunis de plusieurs centaines de thons. Avec de semblables conditions, la pêche du thon est impossible avec les madragues.

Ainsi donc, par sa neuvième proposition, la commission enlève aux madragues la pêche de la palamide, du maquereau, de la bogue et du séverau; de plus, elle rend impossible la pêche du thon. Que restera-t-il donc à ces établissements? Rien; ils auront cessé d'exister.

On vient d'examiner séparément chacune des six propositions de la commission de Marseille rangées dans la deuxième catégorie. Chacune d'elles, prise isolément, est de nature à anéantir l'industrie des madragues; dans chacune d'elles existe ce caractère de destruction qui excède le pouvoir de réglementation, le seul que la loi ait confié à l'Administration. Examinons l'ensemble de ces dispositions :

La seconde proposition de cette catégorie (5ᵉ de la commission), en réduisant les eaux réservées à un triangle ou à un carré, l'un et l'autre sans issue du côté de l'abord du poisson, empêche, ou, ce qui revient au même, autorise le premier pêcheur venu à empêcher le poisson d'arriver à la madrague.

La troisième et la quatrième (6ᵉ et 7ᵉ), prévoyant le cas où aucun pêcheur n'aurait profité de cette étrange faculté, limitent la longueur de la queue de la madrague et laissent un espace libre entre le filet et la côte; elles ouvrent une porte de sortie au poisson qui aurait pu entrer.

La cinquième (8ᵉ), dans la crainte, sans doute, que quelques poissons puissent être amenés dans la madrague pendant le trajet entre l'entrée et la sortie, prohibe l'emploi de tout filet auxiliaire.

Enfin la sixième (9ᵉ), en élargissant outre mesure les mailles et du filet et du *corpus*, rend impossible la pêche de toute espèce dé poisson et même du thon.

Ainsi donc, Monsieur le Ministre, de l'ensemble de ces propositions, comme de chacune d'elles en particulier, il résulte que les madragues seront mises dans l'impossibilité de prendre aucune espèce de poisson voyageur, c'est-à-dire que ces établissements seront détruits. Si le but de la commission est d'arriver à ce résultat, si elle a pensé que les madragues doivent être supprimées, il eût été plus digne d'elle de proclamer franchement son opinion.

Dans ces circonstances, les exposants soussignés s'adressent avec confiance à vous, Monsieur le Ministre, et vous prient, lors de la rédaction du décret réglementaire à intervenir, faire droit à leurs justes réclamations.

En conséquence :

1° Modifier la proposition n° 1 de la commission, en ce sens que les embarcations des madragues devront avoir des équipages composés de trois quarts de marins inscrits français, conformément à l'acte de navigation.

2° Modifier la proposition n° 4, en ajoutant à cette proposition : « Il ne sera exigé que lorsque l'état de la mer le permettra de le placer.

3° Supprimer complètement les propositions numéros 2, 5, 6, 7, 8 et 9.

Et dans le cas où Monsieur le Ministre ne se croirait pas suffisamment éclairé, les exposants le prient d'ordonner que, par telle personne ou telle commission qu'il aura choisie, une enquête sera faite sur les lieux contradictoirement avec toutes les personnes intéressées, que les conseils municipaux, les chambres de commerce seront entendus, et que le ou les commissaires chargés de l'enquête devront consigner sur leurs procès-verbaux les dires de toutes les personnes qu'ils auront entendues.

Les exposants ont l'honneur d'être, avec respect,

Monsieur le Ministre,

Vos très-dévoués serviteurs,

HAUTEFEUILLE, *avocat.*

Le général comte DE SÉGUR.

Le général comte DE GIRARDIN.

Le comte D'ADHEMAR DE LOSTANGE.

Le comte DE L'ESTRADE DE CONTI.

La marquise DE LOSTANGE, née DE FLOIRAC.

Pauline GUERINEAU-GUERINIÈRES, née DE LOSTANGE.

Veuve POUREL.

MARTIN frères.

Imprimerie de A. Guyot et Scribe, rue Neuve-des-Mathurins, 18.

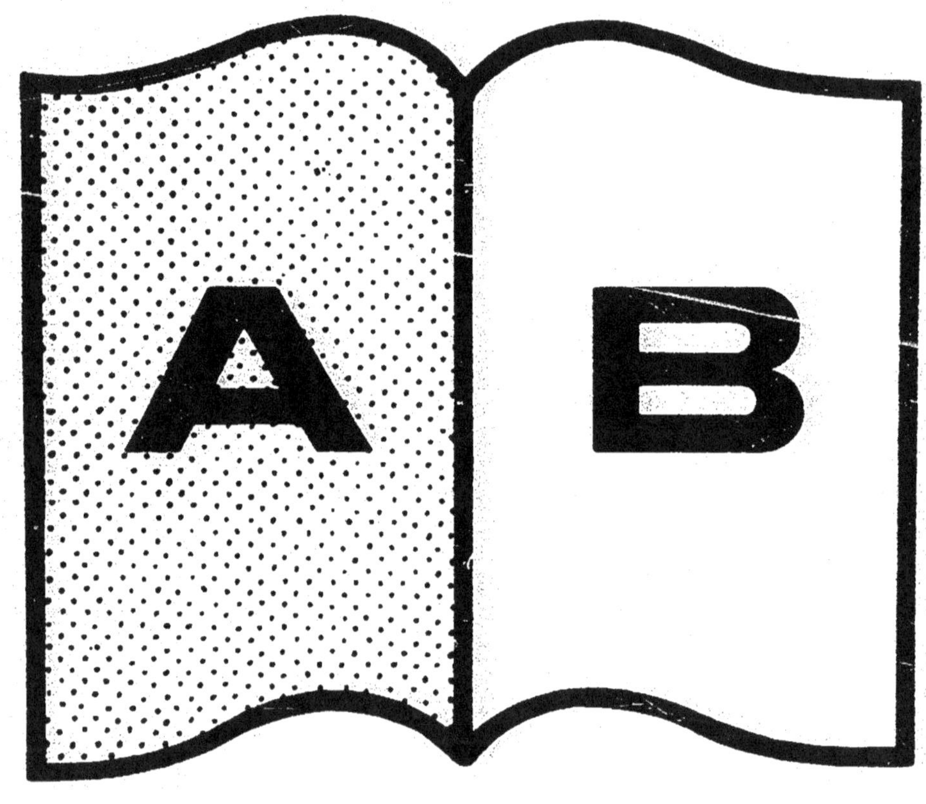

Contraste insuffisant

NF Z 43-120-14